Italien

Klassische Reiseziele

Die Peterskirche in Rom

Ennio Francia

Atlantis

Ins Deutsche übertragen von
Renate Kraus

Redaktion
Dr. Dieter Struss

Titel der Originalausgabe
La Basilica die S. Pietro

Herausgeber der Reihe
Silvio Locatelli und Marcella Boroli

Lizenzausgabe 1989 für
Manfred Pawlak Verlagsgesellschaft mbH, Herrsching

Printed in Italy, New Interlitho S. p. a. – Trezzano
ISBN 3-88199-564-1

Die Grabstätte von Petrus

Dem französischen Romancier Stendhal erzählte einmal einer sehr gebildete Freundin: »Als ich zum ersten Mal die Peterskirche sah, war ich davon überwältigt. Einen ästhetischen Genuß empfand ich aber erst viel später. Zuerst mußte ich meine Vorurteile überwinden, die mit der Realität nicht zu tun hatten. Erst nach einem Jahr begann ich mich von dem alten Bild zu lösen und konnte mich an dem Petersdom erfreuen, so wie er wirklich ist.«

Ganz bestimmt kann man nicht sofort diese monumentale Anlage verstehen, da sie derart außergewöhnlich und einzigartig ist und keine Vergleiche erlaubt. Doch alles ist auf menschliche Proportionen bezogen, auch Prunk und Übermaß halten sich innerhalb der unerbittlichen römischen Regeln, die wie Gerichtsurteile festzustehen scheinen.

Man betrachtet auf dem Petersplatz den Wald der 284 Säulen mit 13 Metern Höhe und der 88 Pfeiler, die Attika mit den mehr als drei Meter hohen Säulen: eine normale geometrische Figur, eine präzise eliptische Größe, die zuerst Erstauenen auslöst, aber dann, wie der Freundin Stendhals, normal erscheint. Nichts ist unmenschlicher, surreal oder erschütternd. Die Kolonnaden des Petersplatzes umschlingen uns wie die beiden Arme eines Menschen, wie auf Berninis erstem Entwurf von 1657 zu sehen ist.

Vom Mittelpunkt der Kreissegmente und der Komposition aus erscheint der Säulenwald als eine einzige Reihe, da von den vier Säulenreihen drei präzis hinter der ersten stehen. Bernini wollte außerdem eine optische Täuschung erzielen, indem er alles auf die vertikalen Elemente des Portikus in der Mitte zusammenlaufen ließ. Auch der Neigungswinkel der Statuen von Maderna auf der Fassade verringern die Weite der Stirnseite; dieser Eindruck wird noch durch die Verengung des Platzes verstärkt. Man erhält so die Illusion einer größeren Entfernung und einer höheren Fassade. In der Platzmitte erhebt sich der 25,50 Meter hohe Obelisk von Heliopolis; er wurde im Jahr 37 n. Chr. nach Rom gebracht. Unter Papst Sixtus V. wurde der Obelisk von Domenico Fontana und neunhundert Arbeitern aufgestellt (18. September 1586).

Die räumliche und zeitliche Dauer wird hier bewahrt, so wie sie von der Freundin Stendhals wahrgenommen worden ist. Ihr französischer Landsmann Chateaubriand hat es im Gegensatz zu ihr nicht begriffen, als er unbedacht die beiden Rom rhetorisch einander gegenüberstellte. »Wo das moderne Rom die Peterskirche und seine Meisterwerke zeigt, stellt das antike Rom das Pantheon und seine Ruinen entgegen; während das eine die Konsuln vom Kapitol heruntersteigen läßt, prunkt das andere mit seinen Päpsten aus dem Vatikan«.

Das Martyrium vom hl. Petrus in Rom

Regio XIV augustea ist ein etwas mehr als vierzig Hektar großes Stadtgebiet; vom 1. Jahrhundert an wird es zum geweihtesten Ort der Welt und zu einem der umstrittensten und legendärsten Fixsterne der Menschheitsgeschichte.

Bei den Zirkusspielen unter Gaius und Nero wurde der Apostel Petrus getötet; sein Martyrium wird durch die äußerst klaren biblischen Texte bezeugt (»Johannes«: XXI, 18, und »Petrus, Briefe« II, 14), aber auch von den historischen Aufzeichnungen großer Gelehrter am Ende des 1. und zu Beginn des 2. Jahrhunderts.

Es gibt überraschend viele schriftliche

Überlieferungen aus der und um die apostolische Zeit: der erste Petrusbrief aus Rom an die Christen in Kleinasien; der Hinweis im Römerbrief des hl. Paulus »nicht auf fremden Fundamenten zu bauen«; der Brief des hl. Klemens wahrscheinlich aus dem Jahr 97; der Bericht des hl. Ignaz des Märtyrers; der Bericht des Papia di Gerapoli, der persönlich einige Jünger der Apostel kennengelernt hatte; des Dyonisius von Korinth, des Irenäus von Lyon; in den Bischofsbüchern; des Priesters Gaius und des Papstes Zefferino; schließlich noch die literarischen Zeugnisse, zu denen noch beachtliches archäologisches Material hinzukommt.

Als Todesjahr des Apostels gibt die Chronik des Eusebius von Cäsaräa die Zahl 67 an; auf dieses Datum weist auch der Brief des hl. Klemens aus fast derselben Zeit hin. Die zahlreiche Literatur über die *trophea*, über die *memoriae*, über die *sacrata sepulcra* aus den ersten Jahrhunderten gibt das vatikanische Gebiet als Grabstätte des Apostels an. Die jüngsten Ausgrabungen unterhalb der vatikanischen Basilika haben diese Angaben bestätigt. Im Heiligen Jahr 1950 ist diese Stätte den Pilgern erstmals gezeigt worden. Aber auch heute noch wird recht erfolgreich gegraben.

Kurz zusammengefaßt läßt sich sagen, daß die archäologische Erforschung bewiesen hat: das vatikanische Gebiet war ein Friedhof gewesen und unterlag daher strengstem römischen Recht (hier befindet sich eine Reihe von Gräbern, nämlich das Hadrians-Mausoleum, das berühmte und prunkvolle Herrschergrab; die Meta Romuli, von den Römern als Grab des Romulus angesehen; die verschnörkelte Terebinthe am Tor von Filarete; die Pyramide von Caius Cestius und kleinere Grabstätten); der Zirkus von Gaius und Nero befand sich ganz sicher auf diesem Gebiet, und zwar links des Petersplatzes. In diesem Zirkus wurden die Christen hingerichtet, und hier erlitt der Apostel das Martyrium; der Zirkus befindet sich »neben dem Obelisken von Nero auf dem Berg« (»Martyrium Petri«) oder wie es im »Liber pontificalis« steht »im Vatikan, neben dem Ort, an dem die Triumphe gefeiert werden«; auf der während der Ausgrabungen gefundenen Inschrift von Popilius Heracles heißt es: »im Vatikan in der Nähe des Zirkus«.

Außerdem ist bewiesen worden, daß sich die konstantinische Basilika nicht wie angenommen auf den Grundmauern des Zirkus von Gaius und Nero erhebt; daß die Via Cornelia durch den Neubau nicht überbaut worden war, obwohl es so auf fast allen Landkarten aus dem 16. Jahrhundert zu sehen ist.

Die Ausgrabungen unter Papst Pius XII. zwischen 1940 und 1950 sind unterhalb der vom derzeitigen Hochaltar überbauten Mauer durchgeführt worden und haben einen rechteckigen Raum ans Licht gebracht. Dieser befindet sich in senkrechter Linie unterhalb der »Nische der Pallien« (hier werden in einer kostbaren Truhe die Pallien aufbewahrt; das heißt Stolen aus weißer Wolle mit schwarzen Kreuzen, Insignien des Papstes und der höchsten kirchlichen Würdenträger) und der Confessio. Er ist direkt mit dem »Grab« des Petrus verbunden, das durch den jüngst aufgefundenen »Grabschlüssel« nachgewiesen worden ist.

Es handelt sich um einen kleinen Platz (7 x 4 m) zwischen den Mausoleen einer Totenstadt, die sich vom Tiber bis zu den Abhängen des Vatikanhügels ausbreitet. In den Mauerfunden und architektonischen Fragmenten konnten die Archäologen die Reste einer Nische erkennen, die fast in der Mitte der Umfassungsmauer lag; wegen ihres Verputzes wird sie auch Rote Mauer genannt und ist mit Inschriften über Petrus bedeckt.

Dieser Raum wurde von Anfang an zur Kultstätte für den Apostel. Über das Baujahr der Nische, 160, sind sich die Gelehrten einig; außerdem wird sie mit der »Trophäe« identifiziert, von der der Presbyterianer Gaius zu Beginn des 3. Jahrhunderts spricht. Eusebius führt den Ausspruch an: »Ich kann dir die Trophäen der Aposteln zeigen. Gehst du in den Vatikan oder gehst du zur Via Ostiense, wirst du die ›Trophäen‹ derjenigen finden, die diese ›Kirche‹ gegründet haben« (›Kirchengeschichte‹ 25, 7).

Wegen der immer zahlreicher werdenden Grabstätten rund um den kleinen Platz, aber auch um die geweihte Stätte zu schützen, errichteten die Christen in der Mitte des 2. Jahrhunderts das kleine Monument, das sie dann Memoria Petri nannten.

Dieses Gebiet wird von der römischen Tradition und vom Großteil der Gelehrten einstimmig als Grabstätte des Petrus angesehen; hier erhob sich die Nische aus dem 2. Jahrhundert (später eingebaut in die Marmorverkleidung, die unter Kaiser Konstantin durchgeführt wurde), der Altar in der Krypta (Gregor der Große wollte den Zugang für die Pilger erleichtern), der Altar von Papst Callixtus II. (12. Jahrhundert) und unter dem Baldachin von Bernini der Altar von Papst Klemens VIII. (17. Jahrhundert), der dann von Papst Urban VIII. wiederaufgebaut worden ist (17. Jahrhundert).

Die konstantinische Basilika

Konstantin zögerte nicht lange, ließ die Totenstadt überbauen und ebnete die Abhänge des Vatikanhügels ein; dadurch erhielt er den notwendigen Platz für ein neues Gebäude. Die Architekten errichteten große Grund- und Einfassungsmauern, dann deckten sie die Mausoleen ab, holten Erde von der Hügelspitze und füllten damit die Gräber. Zu dem Quadriportikus, der auch in Anspielung auf die himmlischen Freuden »Paradies« genannt wurde, gelangte man über eine Treppe mit fünfunddreißig Stuften; diese Treppe wurde unter Papst Pius II. restauriert und erweitert; an den Seiten ließ er zwei Kolossalstatuen vom hl. Petrus und vom hl. Paulus aufstellen.

Drei Tore führten in den Innenhof, in dessen Zentrum sich ein Brunnen mit einem Baldachin befand. Ihn schmückten Pfaue und Delphin; er wölbte sich über einem großartigen Pinienzapfen aus Bronze, der heute in der großen Nische des Belvedere steht. Vor der Fassade am Ende des Quadriportikus befand sich das Atrium, wo im Laufe der Zeit die zahlreichen Gräber der Päpste aufgestellt wurden, die erst später in den Innenraum gebracht worden sind. An der Nordseite des Atriums befand sich das mit vielfarbigem Marmor verkleidete Heilige Tor, das alle fünfundzwanzig Jahre geöffnet wurde. Dem Mittelschiff entsprechend öffneten sich drei gleich große Portale: das silberne, das römische und das Portal von Ravenna. Das erste in der Mitte ist mit Silberplatten bedeckt und wurde von Filarete unter Papst Eugen IV. in Bronze gegossen; man nennt es auch *aenea*. Im Jahr 1433 wurde es hergestellt und unter Papst Paul V. (1619) an das neue Gotteshaus angefügt. Durch das römische Tor gingen die Römer, und durch das Portal von Ravenna traten die Leute von der anderen Seite des Tibers, des Pos und aus Ravenna ein. Weitere zwei Portale führten in die Seitenschiffe; eines davon trug die Bezeichnung *judicii*– denn durch dieses traten die Verstorbenen ein, um vor das Gericht Gottes zu treten; Führertor hieß das andere – weil hier die *guidones* (Führer) die Pilger versammelten, um ihnen die entsprechenden Erläuterungen zu geben. Die kürzlich restaurierte Goldintarsientür der Basilika von S. Paolo stammt von der alten Peterskirche. Oberhalb der Tore waren die verschiedensten Dinge angebracht: im Krieg erbeutete Fahnen, Siegestrophäen, wie die Brückenketten von Smyrna, die zehn Symbole Afrikas, die Torschlösser von Tripolis usw. Zwischen der römischen und der silbernen Tür war die Bulle des ersten Jubiläums (1300) unter Papst Bonifaz VIII. angebracht; die Bulle befindet sich heute im Portikus.

Der berühmte Grabstein des Alkuin, des großen Gelehrten am karolingischen Hof, wurde zwischen dem silbernen Portal und dem Portal von Ravenna aufgestellt; der Stein war ursprünglich von Karl dem Großen am Grab von Papst Hadrian I. angebracht worden (»hier ruht der Kirchenvater, die Zierde Roms, berühmter Autor . . .«).

Zwischen dem Tor des Gerichts und der linken Ecke des Atriums gelangte man in das Sekretariat, secretario oder Sakristei mit Apsis und sechs Kapellen. In der Hauptapsis verehrte man das alte Bild der »Madonna della febbre«. Grimaldi nimmt an, daß es von der Rotonda di S. Andrea herstammt – es kehrte nämlich dorthin wieder zurück, als die Sakristei in das Mausoleum verlegt wurde –; gleichzeitig wurde in der benachbarten Kapelle für einige Zeit die Pietà von Michelangelo aufgestellt. Papst Gregor XIII. ließ die Skulptur dann in den Chor von Papst Sixtus IV. schaffen. Im Mittelalter war der Quadriportikus an der rechten Seite der Räume der Altardiener und der Julia-Kapelle geschlossen. Auf der linken Seite befanden sich die Wohnungen der Auditoren der Rota Romana und der Datarie.

In der äußersten östlichen Ecke erhob sich der Altar der hl. Maria in Turri, an dessen rechter Seite sich die großartige Loggia der Segnungen befand, die von Papst Pius II. errichtet und von Papst Paul II. (15. Jahrhundert) ausgestattet wurde. Vor diesem Altar krönte der Papst den gekürten Herrscher, der hier auch von den Kanonikern der Basilika empfangen wurde. Dieser Brauch wurde jahrhundertelang aufrechterhalten. Karl der Große, Lothar, Karl der Kahle, Ludwig Berengar, die vielen Ottos, Friedrich Barbarossa, Ludwig der Bayer und Heinrich VII. wurden hier zu Kaisern gekrönt und erhielten die Würde eines Kanonikers von St. Peter.

Tiberio Alfarano war zwar nur ein bescheidener Meßdiener, wurde aber selig gesprochen, und auch Grimaldi ist selig gesprochen worden; diese beiden bilden die sicherste und zuverlässigste Nachrichtenquelle über die Basilika. Alfarano zeichnet im Jahr 1571 – als Stich im Jahr 1590 erschienen – den Plan der Basilika, so wie sie in der Mitte des 16. Jahrhunderts aussieht noch vor den großen Abtragungen unter Papst Julius II. und nach den Restaurierungsarbeiten von Rossellino unter Papst Nikolaus V.

Die von ihm angeführten Maße erwiesen sich fast immer als richtig und stimmen mit den von anderen Autoren überlieferten Angaben überein. Der Innenraum der Basilika besaß eine Länge von 406 Spannen, eine Breite von 208 und war 170 Spannen hoch (eine römische Spanne entspricht 223 mm). Durch vier Reihen von je 22 Säulen teilte sich das Innere in fünf Schiffe; das Hauptschiff in der Mitte war 106 Spannen breit und 170 Spannen hoch; die zwei kleineren Seitenschiffe maßen 39 Spannen in der Breite und 62 Spannen in der Höhe. Die insgesamt 88 Säulen (Maffeo Vegio und Gregorio di Tours kamen auf 96 und Sigismondo de Conti auf 100) trugen konrinthische Kapitelle, auf denen der große mit rechteckigen Mosaikbildern verzierte Architrav auflag.

Alfarano fügt dann noch die Überlieferung an, daß Konstantin einen Vierungsturm mit Engeln und Porphyrpfeiler errichten ließ und ihn mit einer Silberplatte krönte.

Die Basilika ist ein Ziegelbau mit einer Dicke von sechs bis acht Spannen; »vom Fußboden bis zur Decke war die Basilika mit Mosaiken und Malereien aus dem Alten und Neuen Testament ausgeschmückt« (Alfarano). Bannister (1968) ist der Ansicht, daß der konstantinische Bau innerhalb eines präzisen geometrischen, maßstabsgerechten und zahlensymbolischen Schemas ausgeführt worden war; man folgte dabei der Lehre des Pythagoras und der Gnostiker, die wahrscheinlich der Historiker Eusebios überliefert und Konstantin vorgeschlagen hatte. Auch Alfarano weist auf den Symbolismus hin, wenn er von dem Portikus vor der Fassade berichtet; er behauptet, daß zehn Pfeiler das Mosaikzelt vor dem Tabernakel bedeuten und an die Säule vor dem Tempel Salomons erinnern.

Alfarano berichtet dann noch von der hölzernen Hängedecke *laquetum* mit den riesigen rechteckigen Tragbalken, von dem *imbricatum*-Dach (mit Flachziegeln gedeckt); es ist mehrmals erneuert worden und trug über dem Hauptschiff Bronzeziegel mit dem päpstlichen Wappen. Sigismondo de Conti schreibt, daß sie vom kapitolinischen Jupiter-Tempel hergeholt worden sind; über den Seitenschiffen liegen Flachziegel aus Terrakotta (einige davon führt Grimaldi in die Zeit Theoderichs d. Gr. zurück).

Der Fußboden bestand aus verschiedenfarbigen runden und quadratischen Marmorplatten. Während der Aufstellung des Altars unter Papst Klemens VII. konnte man »zwischen einigen Ritzen – erzählt Grimaldi – dem Marmoraltar sehen, der das eingemeißelte Siegel von Sankt Sylvester trug. Der Papst ließ die Ritzen im Fußboden sofort verschließen«.

Über die dekorativen Elemente der Kirche macht Alfarano nicht viele Angaben: er führt eigentlich nur an, daß Papst Nikolaus III. die Malereien des Säulenhofes ausführen ließ. Papst Formosus schmückte den Innenraum mit Malereien; Papst Gregor IX. legte die Fassade mit Mosaik aus. Giotto erhielt von Kardinal Giacomo Gaetano Stefaneschi den Auftrag, für fünfhundert Goldgulden die Kanzel auszumalen. Für achthundert Gulden schuf der Künstler dann das berühmte Triptychon für das Vatikankapitel, das sich heute in der Pinakothek des Vatikans befindet. Für das Mosaik des Quadriportikus mit dem hl. Petrus deambulante in fluctibus (bekannter Mosaik unter dem Namen »Navicella«) erhielt er zweitausendundzweihundert Gulden. Grimaldi behauptet, daß er diese Angaben dem Buch über die Wohltäter der Basilika entnommen hat, wo der erzpriesterliche Kardinal *concanonicus noster* genannt wird.

Außer Giotto wirkten in St. Peter auch Taddeo Gaddi, Pietro Cavallini und eine Reihe von Künstlern, deren Werke durch die Ereignisse, die Rom im Mittelalter heimsuchten, verlorengingen. Vieles wurde auch bei den Restaurierungsarbeitenvor allem unter Papst Nikolaus V. und dann besonders bei den Abtragungen unter Papst Julius II. zerstört.

Einige wirklich herrliche Statuen sind in den Vatikanischen Grotten erhalten geblieben; sie stellen ein nicht sehr bekanntes Kapitel der italienischen Bildhauerei bis zum 15. Jahrhundert dar.

Die »neue« Peterskirche

Die konstantinischen Mauern befanden sich in einem fürchterlichen Zustand, und zwar sowohl ihres Standortes und der Invasionen der Barbaren wegen als auch durch den Verfall während des päpstlichen Exils in Avignon; in dieser Zeit dienten sie nämlich verschiedenen römischen Familien als Schlachtfeld. Deshalb ordnete Papst Nikolaus V. (1447–1455) einen vollständigen Neubau an. Nach seinem Tod wurde dieser Plan begraben, und die Iniative von Rossellino blieb auf den »Wachturm von Nikolaus V.«, auf den Nordflügel der Gebäude um den Papageienhof herum und auf die notwendigsten Restaurierungsarbeiten an Teilen des Apostelgrabs beschränkt.

Unter Papst Julius II. begann dann der eigentliche Neubau der Peterskirche; der Papst trug Donato Bramante auf, das Projekt vorzubereiten, wie durch eine Zeichnung von Antonio da Sangallo und durch ein Medaillon von Caradosso bekanntgeworden ist. Es entsprach dem typisch klassischen Ideal der Symmetrie: mit einem Zentralbau und einer Kuppel über der Mitte und vier weiteren kleineren Kuppeln an den Zwickeln des griechischen Kreuzgrundrisses.

Am Samstag *in albis*, nämlich am 17. April 1506, stieg Julius II. mit einem Gefolge von Kardinälen und Meistern in die ausgegrabenen Grundmauern des Stützpfeilers Veronika hinunter und legte den ersten Stein. Mit einer herrlichen liturgischen Feier wollte er die *restitutio* des Gebäudes im Vatikan begehen, wie in der Bulle zu lesen steht, »vetustate et situ squalentem«.

Ein Augenzeuge, De Conti, behauptet, daß »der Entwurf des Werks durch Schönheit und Proportion jedes andere Monument der Antike zu überstrahlen beginnt. Oberhalb der Basilika wird sich eine größere und höhere Kuppel als die des Pantheon erheben«. Erst kürzlich ist festgestellt worden, daß Bramante die vier Stützpfeiler errichtete, um das Gewicht der Kuppel auf diese Weise zu stützen. Endgültig bestimmte er das Schicksal des riesigen Gebäudes, als er die »Schalungen« baute, durch die er die großen Stützbogen zwischen den vier großen Pfeilern miteinander verband und dabei die Außenwände zerstörte.

Nach seinem Tod (1514) bildete sich ein Triumvirat von Architekten – Giuliano da Sangallo, Fra Giocondo da Verona unter der Leitung von Raffael; sie arbeiteten einen neuen Plan aus, den man als Entwurf in den Fresken des Chiaroscurti-Saals in den Vatikanischen Museen erkennen kann. Das neue Projekt veränderte von Grund auf die Vorstellungen Bramantes, da das Mittelschiff verlängert wurde. Im Jahr 1520 starb aber Raffael (die anderen zwei waren schon einige Jahre zuvor gestorben), und die Nachfolger Antonio da Sangallo und Baldassare Peruzzi trugen zum größten Teil das schon bestehende Werk wieder ab. Nach dem Tod von Peruzzi (sein Beitrag an dem Bau ist sehr schwer festzustellen) übernahm Antonio da Sangallo die Leitung (1538). Aber erst durch das Eingreifen von Papst Paul III. stellte er das Holzmodell im Maßstab 1:30 fertig; es befindet sich im Oktagon des hl. Gregor. Am Ende des Jahres 1539 begann man mit den Grundmauern der Apsis; dabei zerstörte man die Überreste der alten Basilika vom Querschiff an. Das »alte« St. Peter und den »neuen« Bau trennte eine Mauer zwischen der elften und der zwölften Säule im Hauptschiff. Im Jahr 1981 ist eben diese Mauer wieder ausgegraben worden. Sie ermöglichte in dem noch bestehenden Teil der konstantinischen Basilika die Messe und den Besuch der Gläubigen. Aus den damaligen Entwürfen kann man ersehen, daß die Mauer der äußeren Galerie von Sangallo schon die erste Ordnung erreicht hatte, während im Todesjahr des Architekten 1546 die vier großen Kreuzbogen geschlossen waren.

Nach langem Zögern übernahm Michelangelo die Leitung der Arbeiten; »nullo premio nullave mercede« steht im Breve Pauls III., denn Michelangelo forderte freie Hand für alle und für alles. Der Künstler kehrt zur Vorstellung Bramantes vom Zentralbau zurück und »straffte« – erläutert ausgezeichnet der Künstlerbiograph Vasari – »St. Peter in der Form und erhöhte dadurch den Gesamtbau«; er rieß alles, was Sangallo geschaffen hatte, nieder, sowohl die riesigen Außenmauern als auch die Verstärkung der vier Pfeile. Die Zustimmung Pauls III. erwies sich für das Vorhaben Michelangelos als ausschlaggebend, denn dem Künstler standen die Meister feindlich gegenüber; sie befürchteten nämlich einen Skandal – und das nicht grundlos – wegen der Geldverschwendung durch dieses fortwährende Aufbauen und Niederreißen. Paul III. schützte Michelangelo, indem der Papst sogar in einem von ihm selbst abgefaßten Dokument die Meister deckte. Nur so war es dem Künstler möglich, sein Vorhaben trotz der von ihm als notwendig angesehenen Zerstörungen durchzuführen. Am 11. Oktober 1549 wurde Michelangelo zum leitenden Architekten ernannt.

Nach dem Tod Michelangelos (1564) brauchte es den gebieterischen Charakter Papst Sixtus' V., um an die Lösung der Kuppelwölbung zu gehen. Diese Arbeit war endlos von Pirro Ligorio, von Jacopo Barozzi und von Giacomo Della Porta immer wieder verschoben worden. In der Besprechung am 21. Januar 1587 entschloß man sich aber, die Kuppel, von dem von Michelangelo unvollendet gelassenen Tambour ausgehend, fertigzustellen. Sechshundert Arbeiter waren Tag und Nacht an dem Kuppelbau tätig, der im Juni 1593 als abgeschlossen angesehen werden konnte; Torrigiani und Faccalume »hißten« auf der Laterne ihre Bronzekugel.

Für die Gesamtansicht der Kirche war die von Papst Paul V. dem Künstler Maderna aufgetragene Verlängerung vom griechischen Kreuz auf das lateinische Kreuz fatal; dazu kommt noch die Erhöhung von 4,14 m der Kuppelkrümmung im Gegensatz zum Modell von Michelangelo. Die Folgen erwiesen sich sowohl auf der statischen wie auch auf der ästhetischen Ebene schwerwiegend, da nämlich der Druck anstatt auf den Stützpfeilern auf dem Tambour auflastet; die sechzehn Gewölberippen besaßen nur noch eine dekorative Funktion und übten keine statische Funktion mehr aus; deren großes Gewicht verursachte Schäden bis ins Jahr 1931 hinein, die immer wieder repariert worden sind.

Die heutige Kirche

Vor der Straßenneuordnung der Borghi im Jahr 1931 erreichte man den Petersplatz durch ein Gewirr von feuchten und dunklen Gassen, die alle auf dem ziemlich kleinen Platz Rusticucci zusammenführten. Vor den Augen des Besuchers breitete sich urplötzlich das architektonische Wunder von Bramante, Michelangelo und Bernini aus.

Eine breite Treppe führt zum großen Bauwerk (114 x 45 m), das von Maderna im Jahr 1614 vollendet worden ist. An der Seite der Treppe wurden die Statuen vom Hl. Petrus und vom Hl. Paulus aufgestellt (1847); die erste Statue ist ein Werk von Giuseppe De Fabris und die zweite stammt von Adamo Tadolini.

Man gelangt dann in den Portikus (71x13,50x20 m), der von Maderna nicht so massig gebaut geworden war. Links befindet sich die Reiterstatue Karl des Großen, der in der Weihnachtsnacht des Jahres 800 von Papst Leo III. zum Kaiser gekrönt worden war. Rechts steht die Reiterstatue von Kaiser Konstantin, dem Gründer der Basilika und dem Verkünder der Glaubensfreiheit für das Christentum. Sie gehört wegen ihrer fast impressionistischen Ausdruckskraft zu den Meisterwerken der Bildhauerkunst Berninis. In den Innenraum der Kirche führen dann fünf Tore vom Portikus aus hinein.

Das Mittelschiff hat die bronzenen Türflügel der antiken Basilika behalten; sie sind von Filarete im Jahr 1445 geschaffen worden und zeigen Szenen vom florentinischen Konzil des Jahres 1438 über die Vereinigung der West- mit der Ostkirche. Eine weitere Erinnerung an die antike Basilika zitiert dem Portal von Filarete gegenüber das Mosaik der Navicella von Giotto. Links neben dem eben erwähnten Portal befindet sich das Tor der Toten von Giacomo Manzù; der Name rührt von den Szenen über das Sterben des Menschen her; auf der rechten Seite befindet sich das Tor der Sakramente von Venanzo Crocetti. Das zuletzt geschaffene Portal von Luciano Minguzzi war zuerst für die Kathedrale von Bologna bestimmt, wie auch die Heiligen darauf erkennen lassen: Vitalis und Agricola.

Man tritt nun in die Kirche ein. Über die Theatralik, über den Prunk und den Triumphalismus des Gotteshauses ist schon viel geschrieben und gesagt worden. In In dem wundervollen Licht und der herrlichen Farbe von Rom ist diese Kirche für Gott errichtet worden. Dazu verwendete man Travertin aus Tivoli und Marmor von den antiken römischen Monumenten, auf einem römischen Platz zu Ehren einer Kirche, die katholisch, aber vor allem römisch ist. In ihrer Großartigkeit stellt sie einen Raum der Sammlung und der Gnade dar. Man muß dazu nur in eine der vielen Kapellen oder in eine der riesigen Marmornischen eintreten, um sich auf diesem vom Blut Petri und der christlichen Märtyrer geweihten und gesegneten Boden allein zu fühlen. An diesem Ort des ältesten und heiligsten Zeugnisses ist der erste Stein der von Christus gewollten Kirche gelegt worden. Ein strahlender, leuchtender Flecken Erde, wo auch das »rinnende Blut die Farbe der Flamme und des Ruhmes annimmt«, schreibt Ennodio Paolino in seinem Hymnus auf Rom, und darum mußte diese Stätte durch ein riesiges Gebäude erhöht werden: der Bau voller Zauber, Herrlichkeit und großem Prunk soll all das vereinen, was das menschliche Genie einer Gottesoffenbarung anbieten kann, die ja das Heidentum erschüttert und besiegt hat. Gleichzeitig ist auch eine neue Kultur aufgebaut worden, die seit fast zweitausend Jahren die Menschheit tröstet, aber auch warnt, wenn sie wieder in ihre ursprüngliche Roheit zurückzufallen droht.

Aber auch im Mittelschiff, in der Menge kann man beten und meditieren; Menschen strömen wie Wellen an die Mauern von Bramante, Michelangelo und Maderna. Man kann gut auch unter diesem Gewoge beten, denn jeder Schritt und jeder Ton wird unter diesen Wölbungen demütig und leise; Bogen, Winkel, Ecken und Pfeiler sind mit den Gebeten und den Gesängen der Pilger getränkt, die seit Jahrhunderten aus allen Teilen der Welt kommen, um das Grab des ersten Vikars von Christus zu verehren.

Heute liegt die Kirche nicht mehr am Stadtrand, sondern fast schon im Herzen der neuen Weltstadt; darum bevölkern nicht nur die Pilger die Kirche, es sind die Bewohner der Stadtviertel um St. Peter. An den hundert täglichen Messen nehmen Tausende von Gläubigen teil, und vor allem am Sonntag sind die Straßen voller Menschen, die hierherkommen, um den päpstlichen Segen zu empfangen. Sie alle sind davon überzeugt, daß die Basilika nicht nur ein ewiges Monument mit unvergänglichen Meisterwerken ist, sondern ein Ort des Gebetes und des Glaubens. Dieser Stätte gebührt die Lobpreisung von Albero, Erzbischof von Trier, Jünger des »keuschen Hirten . . . der mich nach Rom schickte, um das Reich und die Königin zu bewundern, die ja Stola und Schuhwerk aus Gold trägt . . . und ich bewunderte ein leuchtendes Volk, das das Zeichen trug«.

Vor den Augen des Eintretenden öffnet sich der riesige, der größte Kirchenraum der Welt mit 211,50 Meter Länge und 132,50 Meter Höhe. In der Mitte des Kreuzgrundrisses wird die Kuppel von vier fünfeckigen Pfeilern gestützt; sie besitzt einen Durchmesser von 42 Metern. Der Traum des Bramante vollendete das Pantheon über dem Grab des ersten Apostels. Unter der Kuppel erhebt sich der berühmte bronzene Baldachin von Bernini, das erste Werk des großen Architekten für die Basilika. Dieser großartige Tabernakel mit den 20 Meter hohen Säulen bedeckt den Platz unter der Kuppel völlig, und gleichzeitig lenkt er den Blick des Besuchers auf den in ihm aufbewahrten Schatz: die Grabstätte des Petrus, idealer Mittelpunkt unter dem päpstlichen Altar.

Vor dem Altar öffnet sich die Confessio, die auch schon im früheren Gebäude enthalten war; Paul V. ließ sie von Maderna vergrößern und mit wertvollem Marmor schmücken; fünfundneunzig vergoldete Bronzelampen auf der umrahmenden Balustrade erhellen das Apostelgrab auf der Ebene der konstantinischen Basilika.
Der weihevolle Charakter des Mittelraums verstärkt sich noch durch die Balkone für die Reliquien, die Bernini aus den vier Stützpfeilern der Kuppel oberhalb der Nischen mit den Kolossalstatuen (über 5 m hoch) heraushauen ließ; die Statuen stellen den hl. Longinus (von Bernini), den hl. Andreas (von Duquesnoy), die hl. Veronika (von Mochi) und die hl. Helena (von Bolgi) dar. Die Balkone sind mit den Rankensäulen des Tabernakels aus der antiken Basilika geschmückt; sie ahmen die Heilige Säule nach (die in der Schatzkammer aufbewahrt wird), an die sich der Überlieferung nach Christus im Tempel Salomons anlehnte. In Wirklichkeit ist sie ein römisches Werk aus dem 4. Jahrhundert.

Bernini schuf diese Balkone an den Seiten des Baldachin und erzielte so für sein großartiges Werk einen anziehenden Rahmen mit idealen und architektonischen Berührungspunkten.

Ein Gegenstand der Verehrung ist die Bronzestatue des Hl. Petrus am ersten Pfeiler rechts; ursprünglich ist angenommen worden, sie stamme aus dem 5. Jahrhundert; heute wird sie vom Großteil der Gelehrten dem Künstler Arnolfo di Cambio (13. Jahrhundert) zugeschrieben. Der archaische Charakter ist wahrscheinlich der Tatsache zuzuschreiben, daß der Künstler ein Marmorwerk aus früherer Zeit vor Augen hatte, das im Portikus der konstantinischen Basilika stand und derzeit in den Vatikanischen Grotten aufbewahrt wird.

Die Seitenschiffe von Maderna in der Peterskirche entstanden als Folge der Verlängerung des Kreuzgrundrisses von Michelangelo: Maderna wandte dabei die architektonischen und liturgischen Regeln der damaligen Zeit an: eine Reihe von miteinander verbundenen Kapellen auf beiden Seiten folgt dem Modell der Jesuitenkirchen. In jeder dieser Kapelle befinden sich wertvolle Kunstwerke, wie die Pietà von Michelangelo zu Beginn des rechten Seitenschiffes; wahrscheinlich ist dieses Werk das berühmteste in der gesamten Kirche. Es berührt vor allem durch seine Weichheit und war eigentlich für eine andere Kirche bestimmt; sie wurde erst nach verschiedenen Ereignissen in St. Peter aufgestellt.

Am Weg zur zweiten Kapelle steht das Denkmal der Christina von Schweden, ein Werk von Carlo Fontana. Es besteht aus Engelsfiguren auf einem Sarkophag mit Reliefs – letztere von Théodon –, die die Abschwörung vom Protestantismus der Königin in der Kathedrale von Innsbruck im Jahr 1655 darstellen. Davor befindet sich ein kostbares Holzkruzifix aus dem 13. Jahrhundert, das Cavallini zugeschrieben wird. Die zweite Kapelle erweckt vor allem dokumentarisches Interesse, denn hier ist eine Besonderheit in der Dekoration der Kirche zu sehen. Vom 18. Jahrhundert an neigte man dazu, Malereien durch Kopien in Mosaikarbeit zu ersetzen, um dadurch Dimensionen einer größeren Monumentalität zu erreichen; in diesem Falle macht das Martyrium des hl. Sebastian von Domenichino einem großen Mosaikbild Platz.

An der Grabstätte von Innozenz XII. nach einer Zeichnung von Fuga und an dem Mausoleum der Gräfin Mathilde von Bernini vorbei kommt man zur ziemlich großen Sakramentskapelle mit einem kostbaren Tabernakel von Bernini und einem Altarbild von Pietro da Cortona. Nach dieser Kapelle öffnet sich der rechte Arm des Querschiffs, in dem die Sitzungen des ersten Vatikanischen Konzils (1869-1870) stattfanden, auf dem das Dogma über die Unfehlbarkeit des Papstes beschlossen wurde.

Der Blätterform auf dem Plan von Michelangelo gleicht die Apsis, zu dem man an dem Denkmal von Klemens XIII., einem der berühmtesten Werke von Canova, vorbei gelangt. Die Apsis wird von einem anderen großen Werk Berninis beherrscht, nämlich vom Stuhl Petri. Dieses Werk ist eine gewaltige barocke Skulptur, die eine antike Kostbarkeit einschließt, die vom Volksglauben als der echte, vom Apostel benutzte Stuhl angesehen wird (jüngste Untersuchungen haben aber gezeigt, daß es sich um ein späteres, wahrscheinlich aus dem 12. Jahrhundert stammendes Werk handelt). Die Reliquie ist mit Gold und Bronze überzogen und wird symbolisch von den vier Kirchenvätern gehalten, auf die das göttliche Licht fällt. Die Komposition von Bernini steht in einer Linie zum Baldachin und fügt sich vollständig in die hohen Säulen ein. Tritt man in die Kirche ein, erkennt man mit einem einzigen Blick das Streben, den Gründer der Kirche zu verehren.

Seitlich des Stuhls befinden sich zwei der bedeutendsten Grabdenkmäler in dieser Kirche: das Grab Urbans VIII. von Bernini und das Denkmal Paul III. von Guglielmo Della Porta mit dem Bild des segnenden Papstes oberhalb des Grabes und allegorischen Figuren am Sockel. Dieses Kompositionsschema erneuert die Tradition aus dem 16. Jahrhundert, in dem die Figur in Scheinarchitekturen eingegliedert wird; es wird zum Modell für die Papstgräber der folgenden Jahrhunderte. An dieses Beispiel hält sich Bernini bei seinem Denkmal Alexanders VII., ein Werk aus der hohen Reifezeit des Künstlers. Es befindet sich im Übergang hinter dem linken Pfeiler gleich nach der Capella della Colonna (Säule), die von dem Altar mit dem Marmorbild von Algardi beherrscht wird. Von Algardi stammt auch das Denkmal Leos XI. vor dem linken Seitenschiff. Gleich danach gelangt man in die Capella de Coro (Chor) mit reicher, vergoldeter Stuckdekoration von Giacomo Della Porta. Darin befindet sich das geschnitzte Chorgestühl von Gian Battista Soria. Leider ist es wie auch die Pietà kürzlich auf vandalische Weise beschädigt worden.

Im Seitenschiff steht dann die von Antonio del Pollaiuolo in Bronze gegossene Grabstätte von Innozenz VIII., als einziges Monument der antiken Basilika befindet es sich in der heutigen Kirche. Danach kommt das Denkmal der Stuarts, eine äußerst elegante Stele von Antonio Canova. Traditionsgemäß bildet das Taufbecken in der ersten Kapelle links den Abschluß. Das Becken wurde aus einem antiken Porphyrsarkophag – vermutlich von Kaiser Otto II. von Bayern – geschaffen und mit einem Bronzedeckel von Carlo Fontana bekrönt. Die ursprüngliche Grabstätte befand sich im Portikus der konstantinischen Basilika. Vergangenheit und Gegenwart, Leben und Tod, Geburt und Auferstehung verknüpfen sich auf symbolische Weise an diesem Ort, der für die Kirche Christi zugleich Wiege und höchste Verherrlichung ist.

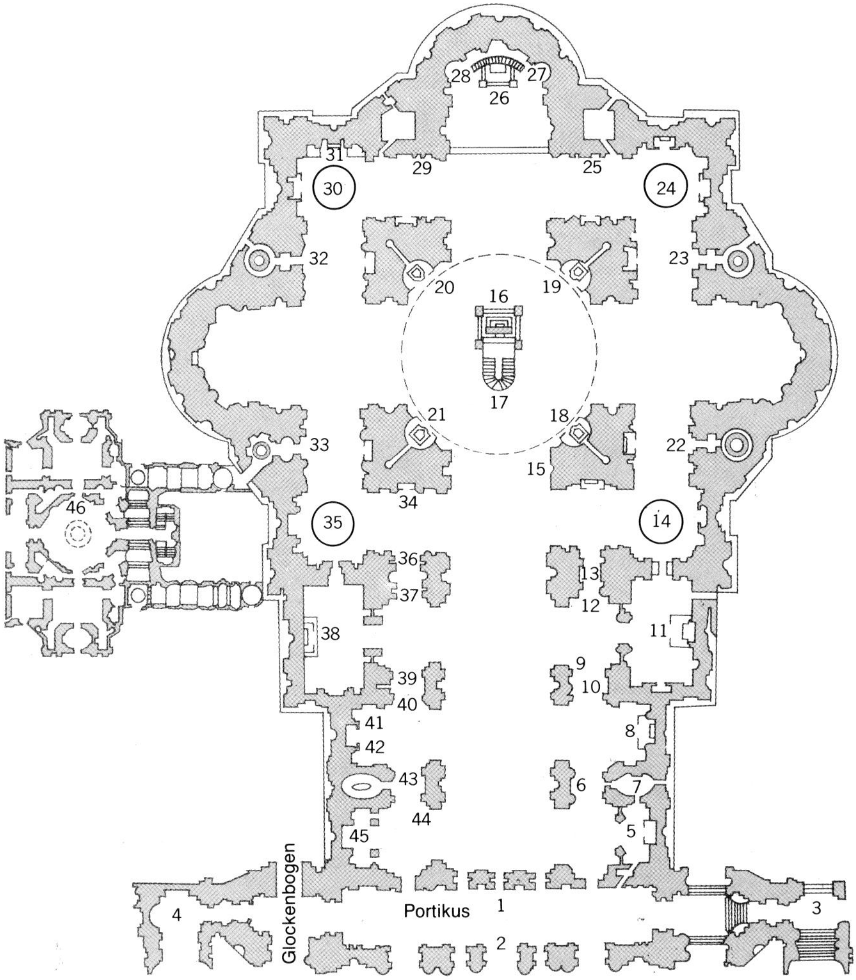

1 Portal von Filarete
2 Mosaik der *Navicella*
3 Reiterstatue Kaiser Konstantins d. Gr.
4 Reiterstatue Kaiser Karl d. Gr.
5 Capella della *Pietà*
6 Denkmal für Christina von Schweden
7 Kapelle des hl. Nikolaus
8 Kapelle des hl. Sebastian
9 Mausoleum der Gräfin Mathilde
10 Grabstätte Inoozenz' XII.
11 Sakramentskapelle
12 Denkmal für Gregor XIII.
13 Denkmal für Gregor XIV.
14 Capella Gregoriana
15 Bronzestatue des hl. Petrus
16 Papstaltar und Baldachin
17 *Confessio* von Maderna
18 Hl. Longinus
19 Hl. Helena
20 Hl. Veronika
21 Hl. Andreas
22 Denkmal für Benedikt XIV.
23 Denkmal für Klemens XIII.
24 Kapelle des hl. Michael
25 Denkmal für Klemens X.
26 Chatedra (Stuhl) Petri
27 Grabstätte Urbans VIII.
28 Denkmal für Paul III.
29 Grabstätte Alexanders VIII.
30 Capella della Colonna (Säule)
31 Altar des hl. Leo
32 Denkmal für Alexander III.
33 Grab Pius' VIII.
34 Mosaikkopie
35 Kapelle des hl. Klemens
36 Denkmal für Leo XI.
37 Denkmal für Innozenz XI.
38 Capella del Coro (Chor)
39 Denkmal für Pius X.
40 Grabstätte Innozenz' VIII.
41 Capella della Presentazione
42 Denkmal für Benedikt XV.
43 Denkmal für Maria Sobieski
44 Denkmal für die Stuarts
45 Taufkapelle
46 Sakristei

Wappen Papst Urbanus VIII. Barberini am Säulensockel des Baldachins von Bernini.

Die Kirche und der Platz

Konstantin ließ die erste vatikanische Basilika an der Stelle errichten, die der Überlieferung nach als Grabstätte des Hl. Petrus gilt.
Die fünfschiffige Basilika wurde 324 begonnen und im Jahr 349 fertiggestellt.
Vor der Kirche befand sich ein Quadriportikus; der Innenraum war mit wertvollen Mosaiken, Fresken und bedeutenden Monumenten geschmückt. Zu Beginn der Neuzeit befand sich das Gebäude in einem fürchterlichen baufälligen Zustand. Nikolaus V. beauftragte Bernardo Rossellino mit der Wiederherstellung (1542). Wenige Jahre danach starb jedoch der Papst, und die Arbeiten wurden erst wieder unter Julius II. aufgenommen. Julius II. übertrug Bramante die Aufgabe, das Gebäude vollständig neu zu errichten. Bramante entwarf eine Kirche mit einem griechischen Kreuzgrundriß und einer Kuppel. Im Jahr 1506 wurde der erste Stein gelegt. Im Todesjahr des großen Architekten aus Urbino (1514) wurde Raffael mit der Leitung der Arbeiten betraut, formte aber den Grundriß in ein lateinisches Kreuz um. Später leiteten zuerst Baldassare Peruzzi (1532) und dann Antonio da Sangallo (1538) die Arbeiten und kehrten wieder zum griechischen Kreuz zurück, veränderten dabei aber den Plan Bramantes, bis im Jahr 1547 Michelangelo zum Leiter ernannt wurde. Der Künstler blieb beim Zentralbau und trieb die Arbeiten an. Als er im Jahr 1564 starb, hatte er die Kuppel schon bis zum Tambour aufgebaut, auch die kleineren Flügel waren schon fertiggestellt. Pirro Ligorio, Giacomo della Porta (der die Kuppel vollendete) und Domenico Fontana führten das Werk von Michelangelo weiter. Aber unter Paul V. kehrte man zum lateinischen Kreuz aus zwei Gründen zurück: um einen größeren Raum für die Gläubigen zu schaffen und um den Platz der konstantinischen Basilika vollständig zu überbauen (deren Monumente zum Teil in die neue Kirche eingebaut wurden; einige stellte man im Untergeschoß auf). Carlo Maderna vollendete die Kirche, er schuf das Schiff mit den drei Kapellen auf jeder Seite und die heutige Fassade (1614). Im Jahr 1629 ernannte Urban VIII. Bernini zum leitenden Architekten. Dieser führte die Innendekoration aus und schuf auch den Platz vor der Kirche (1656–1667): eine riesige 240 m breite Ellipse wird von einer Kolonnade aus vier Säulenreihen umrahmt. In der Mitte des Platzes erhebt sich ein Obelisk mit zwei Brunnen auf den Seiten; den einen (rechts) schuf Maderna, den anderen Brunnen baute Bernini selbst.

An der Außenseite der Kirche ließ Michelangelo ein Art Band anbringen, das das Gebäude immer in gleicher Höhe umschlingt: eine einzige riesige Ordnung, die durch Fenster und Nischen unterbrochen und von einer Attika mit Tafelfenstern gekrönt wird (unten). Auf dieser Struktur erhebt sich dann die Kuppel (links) auf einen hohen Tambour, der von Michelangelo selbst errichtet worden ist. Nach dem Tod des Meisters übernahm Giacomo Della Porta die Arbeiten, der die Arbeit in zwei Jahren vollendete (1588-1589); im Gegensatz zum ursprünglichen Plan erhöhte er aber den Bogen und verlieh der Kuppel dadurch mehr Schwung.

IN HONOREM PRINCIPIS APOST PAVLVS V BVR

Auf den beiden vorhergehenden Seiten, links: einige der hundertvierzig Heiligenstatuen, die die Balustrade der Kolonnade säumen; rechts: eine Teilansicht der Kolonnade mit den gewaltigen dorischen Säulen. Die insgesamt 284 Säulen sind in vier parallelen Reihen aufgestellt und bilden zwei Halbkreise, die wie die ausgestreckten Arme der Kirche Christi alle Gläubigen umschlingen wollen. Rechts die Fassade von Maderna: eine einzige Ordnung von Säulen und korinthischen Lisenen umrahmt die Eingänge, oberhalb befindet sich die Benediktionsloggia, von der aus der Papst den Segen spendet. Die Fassade schließt mit einem breiten und langen Gebälk und einer großen Attika ab: auf diese Weise wiederholte Maderna das Schema von Michelangelo für die Apsisverkleidung; der einzige Unterschied besteht in der Balustrade mit den riesigen Statuen. Im ursprünglichen Plan waren an den Ecken zwei Glockentürme vorgesehen; Bernini errichtete sie, aber sie mußten wieder abgetragen werden, da sie unten Schäden verursachten. Heute befinden sich an dieser Stelle zwei Uhren, die im 18. Jahrhundert von Valadier angefügt worden sind.

INCIPIS APOST PAVLVS V BVRGHESIVS ROMANVS PONT MAX AN MDCXII PONT VII

An den äußeren Ecken des Portikus von Maderna befinden sich links die Reiterstatue Karl des Großen von Agostino Cornacchini (1725) und rechts die Reiterstatue Konstantins, ein Werk von Bernini (1670). Der Römische Kaiser . . . der als erster den Christen die Glaubensfreiheit im berühmten Edikt im Jahre 313 zuerkannte, begründete auch die sakrale christliche Architektur und förderte daher den Bau verschiedener Kirchen, darunter auch der Peterskirche –, er ist von Bernini auf einem nervösen und rassigen Pferd vor einem Stuckvorhang dargestellt; dieser Vorhang gibt einen golddurchwirkten Damast wieder, der in reichen Falten von der Wand fällt. Obwohl dieses Werk vom Künstler erst im Alter geschaffen wurde, erkennt man noch die kraftvollen, besonderen Merkmale der Kunst Berninis – die Suche nach der Bewegung, die bühnenbildnerische Komposition, die empfindsame Farbzusammenstellung – die dem Werk eine ausdrucksvolle Lebhaftigkeit schenken. Auf der anderen Seite erscheint daraufhin die Gruppe von Cornacchini manieriert und streng, obwohl sich sie an das Werk des Meisters anlehnt.

MAX·ANNO·XIIII

Links eine Ansicht des offenen Portikus von der Fassade von Maderna, der ja mit diesem Werk das Atrium der ursprünglichen Basilika wieder aufnimmt. Fünf Portale führen in das Innere der Kirche; links das Tor der Toten von Giacomo Manzù (1964), das Tor von Luciano Minguzzi (1977), das Tor von Filarete (1433–1445), das Tor der Sakramente von Venanzo Crocetti (1965) und das Heilige Tor, das nur im Jubiläumsjahr geöffnet wird. Unten das Tor von Filarete.

Die Bronzeflügel sind in sechs Tafeln geteilt, die voneinander durch waagrechte Bänder getrennt sind; sie stellen Episoden aus dem Pontifikat Eugens IV. dar und werden von einem breiten Rankenband eingesäumt; auf den Tafeln erkennt man die Jungfrau Maria und Christus auf dem Thron, Szenen aus dem Leben der Apostel Petrus und Paulus. Oberhalb der Tür befindet sich ein Relief von Bernini oder von einem seiner Schüler mit Jesus, der die Christenschar Petrus anvertraut.

CAELORVM TV ES PETRVS
NA FIDES
MVNDO RE
MD CL INNO

Das Hauptschiff der Peterskirche ist 46 m lang und 27 m breit (links); es wurde von Maderna nach dem Kirchenmodell der Gegenreformation gebaut. Es gibt nur eine Ordnung mit korinthischen Lisenen über den gewaltigen Pfeilern; darunter öffnen sich die Bogen, die in die Seitenschiffe und zu den verschiedenen Kapellen führen; drei Kapellen auf jeder Seite. Oberhalb der Pfeiler liegt ein langes Gebälk auf, über dem sich das Kassettengewölbe mit einer reichen Dekoration aus dem Ende des 18. Jahrhunderts erhebt. Am Ende des Schiffes stehen die Stützpfeiler der Kuppel, die sich über dem Baldachin von Bernini erhebt. Von

Bernini ist übrigens die gesamte Innendekoration der Kirche. Er entwarf die großen allegorischen Stuckfiguren in den Bogenzwickeln und die Marmorverkleidung der Innenseite der Pfeiler mit Medaillons von Heiligen und Päpsten, die alle von zwei Putten und Tauben mit einem Olivenzweig gerahmt werden (oben). Bernini schuf auch die Nischen zwischen den Lisenen im Hauptschiff und in den Flügeln des Querschiffes; in diesen Nischen sind dann die Statuen der Ordensgründer aufgestellt worden. Diese Statuen sind von verschiedenen Bildhauern zwischen dem 18. und dem 19. Jahrhundert hergestellt worden, und zum Schluß kommt noch die Zeichnung des Bodens mit dem Marmormosaik.

SANCTVS MARCVS

Links ein Detail der Dekoration von Bernini an den Pfeilern des Schiffes. Unten eines der Weihwasserbecken am Eingang der Kirche, eine Arbeit aus dem 18. Jahrhundert von Francesco Moderati, Giuseppe Lironi und Agostino Cornacchini. Sehr interessant ist hier, daß diese graziösen Engelchen in Wirklichkeit 2 m groß sind, was wiederum eine Vorstellung von den Dimensionen von St. Peter vermittelt, wo alles riesenhaft ist, aber auf den ersten Blick nicht in den wirklichen Proportionen wahrgenommen wird, da die Verhältnisse zwischen allen Elementen perfekt ausgeglichen sind.

Auf diesen beiden Seiten zwei der vier Stützpfeiler für die Kuppel: links der zweite und der erste rechts, wenn man vom Hauptschiff zur Apsis geht. Die Pfeiler waren auch schon im Plan von Bramante vorgesehen, sind aber erst von Michelangelo errichtet und dann von Bernini verziert worden. Bernini ließ an der Basis der Pfeiler große Nischen aushauen, die jetzt Statuen von großen Dimensionen enthalten (5 m hoch): der hl. Longinus (von Bernini selbst; 1630–1639), die hl. Helena (von Andrea Bolgi; 1630–1639), der hl. Andreas (von Francois Duquesnoy; 1629–1640), die hl. Veronika (von Francesco Mochi; 1629–1632). Oberhalb der Nischen brachte Bernini vier Balkone an, in denen die bedeutendsten Reliquien der Kirche gezeigt werden. Die Balkone sind mit acht Säulen geschmückt, die vom Tabernakel der antiken Basilika stammen: sie gleichen in der Form der Heiligen Säule (die als Säule des Tempels Salomonis angesehen wird, an die sich Jesus angelehnt hatte), die in der Schatzkammer der Kirche aufbewahrt wird; sie diente auch als Modell für die Säulen des Baldachins.

HINC SACERDO
QVODCVMQVE LIGAV
BEATV

Unten ein Detail der Bronzestatue vom hl. Petrus im hinteren Teil des Hauptschiffs neben dem ersten Pfeiler rechts. Man nahm an, daß es sich dabei um eine Skulptur aus dem 5. Jahrhundert handelte, aber in Wirklichkeit wurde sie im 13. Jahrhundert geschaffen. Wahrscheinlich ist sie ein Werk Arnolfo di Cambios. Rechts eine Teilansicht des Tabernakels von Bernini unter der Kuppel. Die vier Rankensäulen aus vergoldeter Bronze sind 20 m hoch und tragen einen Baldachin, der auch aus vergoldeter Bronze ist und von dem Fransen und Kordeln wie an tragbaren Baldachinen herabhängen.

Das Beispiel der Dekoration antiker Basiliken und die Notwendigkeit, die Vatikanische Basilika mit unvergänglichen »Malereien« auszuschmücken, führt zur Entscheidung, die Ausschmückung im Mosaik auszuführen. Im Mosaik bleibt nämlich immer die ursprüngliche Leuchtkraft erhalten. In der Peterskirche stellt das Mosaik eines der charakterisierenden Elemente dar. Auf diesen beiden Seiten die vier Evangelisten in den Zwickeln der Stützbogen für die Kuppel: Lukas und Johannes nach Zeichnungen von Giovanni de Vecchi (Seite 36) und

Matthäus und Markus nach dem Entwurf von Cesare Nebbia (Seite 37); Matthäus ist in der Mitte nochmals abgebildet, und zwar innerhalb der umrahmenden Stuckdekoration. Oberhalb dieser Bilder liegt ein gewaltiges Gebälk mit einem Fries auf. Auf diesem Fries kann man die von Christus bei der Gründung seiner Kirche ausgesprochenen Worte lesen: »Du bis Petrus, und auf diesem Felsen werde ich meine Kirche bauen; dir gebe ich auch die Schlüssel zum Reiche des Himmels«.

Benevolo schreibt, daß die Kuppel »den eigentlichen Streitpunkt in dem Prozeß des Kirchenbaus darstellt«. Der Plan von Bramante sah eine zentrische Struktur vor, die zwar größer war, aber »im Maßstab« zu den Kuppeln über den Seitenflügeln stand; Michelangelo versteckte aber in der Außenmauer die Reste der kleineren Strukturen und verhinderte daher, daß von außen die vorgegebene Symmetrie der inneren Anlage zu erkennen war. Er gibt dadurch der Kuppel einen absoluten Wert als einem Element »aus einer unabhängigen, alleinstehenden Mauermasse«, die das übrige Gebäude beherrscht. »Man spricht nicht mehr von der räumlichen Gestaltung, sondern man beginnt von Sehwinkeln zu sprechen, von der Beziehungen zwischen der Kuppel und der Fassade, von Vor- und Nachteilen einer mehr oder weniger entfernt stehenden Fassade, von der Erhöhung der Kuppeln«. Im Inneren wiederholt die Kuppel die Außenstruktur mit Fenstern und Doppelsäulen im Tambour und der Teilung der Wölbung in sechzehn Abschnitte. Die Mosaikbilder von Cavalier d'Arpino stellen heilige Päpste und die himmlischen Hierarchien dar (1590).

S·PETRI GLORIAE SIXTVS PP·V·A·M·D·XC·PONTIF·V

Links der Baldachin von Bernini. Damit begann der Künstler im Jahr 1624 und vollendete ihn 1633 im Auftrag Papst Urbanus VIII. Barberini. Auf seine Familienwappen beziehen sich die Bienen, die überall verstreut ein dekoratives Motiv bilden. Unter dem Baldachin steht der päpstliche Altar vor der Confessio. Sie stand schon in der antiken Basilika, wurde aber von Maderna vergrößert und mit Marmor verkleidet. Es ist eine Exedra mit einer Balustrade, auf der 95 vergoldete Bronzelampen stehen. Unten ein Detail.

Erst fünfundzwanzig Jahre alt schuf Michelangelo 1499 die Pietà; es ist das einzige Werk des großen Künstlers aus Florenz, auf dem er seinen Namen, auf dem Brustband der Jungfrau, einmeißelte. Die berühmte Marmorgruppe (auf beiden Seiten) war ursprünglich für die Kirche von S. Petronilla in Rom bestimmt und sollte wahrscheinlich das Grab des Auftraggebers, des Kardinals Jean de Bilhères, Botschafter Karls VIII. von Frankreich am päpstlichen Hof, schmücken; sie wurde dann in die Vatikanische Basilika überstellt, verschiedene Male

wechselte sie den Platz, bis sie schließlich in der ersten Kapelle des rechten Seitenschiffs endgültig aufgestellt worden ist. Auf den beiden folgenden Seiten, links Grabstätte Innozenz XII. nach einem Entwurf von Fuga; die Statue des Papstes zwischen der Barmherzigkeit und der Gerechtigkeit ist von F. Valle (1746). Genau davor befindet sich das Mausoleum der Gräfin Mathilde (Seite 45) nach einem Entwurf von Bernini: die Statue von Mathilde ist von A. Bolgi, S. Speranza schuf das Relief mit Kaiser Heinrich IV. in Canossa (1635).

INNOCENTIUS XII
PIGNATTELLI
INNOCENTII XII·P·M·
INORNATUM MONUMENTUM
IN HANC ELEGANTEM FORMAM REDIGI CURAVIT
ADPROBANTE BENEDICTO XIV·P·M·
VINCENTIUS S·R·E·CARD·PETRA EP: PRÆN·
ET M: PŒNITEN·
A·S·MDCCXLVI·

VRBANVS·VIII·PONT·MAX
COMITISSAE·MATHILDI·VIRILIS·ANIMI·FOEMINAE
SEDIS·APOSTOLICAE·PROPVGNATRICI
PIETATE·INSIGNI·LIBERALITATE·CELEBERRIMAE
HVC·EX·MANTVANO·SANCTI·BENEDICTI
COENOBIO·TRANSLATIS·OSSIBVS
GRATVS·AETERNAE·LAVDIS·PROMERITV
MON·POS·AN·M·DCXXXV

Am Ende des rechten Seitenschiffs befindet sich die Sakramentskapelle. Sie ist mit einem Eisentor von Francesco Borromini geschlossen und besitzt reiche Stuckdekorationen an den Wänden und an der Decke (unten). Das bedeutendste Werk ist aber der Tabernakel von Bernini (1674) aus vergoldeter Bronze, der dem Tempietto von S. Pietro in Montorio von Bramante gleicht. An den Seiten beten zwei Engel (rechts), hinter dem Altar befindet sich ein Fresko von Pietro da Cortona mit der Heiligen Dreifaltigkeit.

Die Capella Gregoriana (unten) befindet sich genau am Kreuzungspunkt und erhielt ihren Namen, weil sie während des Pontifikats von Gregor XIII. errichtet worden ist. Sie war die erste Kapelle in der Kirche, die vollendet wurde. Michelangelo selbst leitete zum größten Teil die Arbeiten, und Giacomo della Porta stellte sie im Jahr 1583 fertig. An der Rückseite steht der Altar mit Alabaster, Amethysten und anderen Edelsteinen. Vier herrliche Säulen umrahmen ein Fresko aus dem 12. Jahrhundert, das aus der antiken Basilika stammt und die Madonna der immerwährenden Hilfe darstellt. Rechts steht die Grabstätte

Gregors XVI. (ein nüchternes Werk im neoklassizistischen Stil von Luigi Amici, 1854). Die Kapelle ist mit einer Kuppel abgeschlossen, die Mosaiken mit Symbolen aus der Geschichte der Jungfrau trägt, während in den Zwickeln die hll. Gregor der Große, Gregor von Nazianz, Hieronymus und Basilius dargestellt sind. Diese Kuppel ist von außen nicht erkennbar, weil die Attika davor ist. Die zwei kleinen Kuppeln, die die »große Kuppel« einrahmen, entsprechen den unterhalb gelegenen Strukturen nicht.

Unten Denkmal Gregors XIII., ein Werk aus dem 18. Jahrhundert von Camillo Rusconi (1720–1723), der sich das Denkmal von Algardi für Leo XI. in derselben Kirche zum Modell nahm. Der Papst sitzt segnend zwischen der Religion und der Fortuna; das Relief auf dem Sarkophag bezieht sich auf die Reform des Julianischen Kalenders, während der Drache auf dem Sockel ein Familienwappen der Buoncompagni ist, zu denen Gregor XIII. gehörte. Das Denkmal steht im dritten Durchgang des rechten Seitenschiffes. Rechts das Denkmal Klemens' XIII., ein

Werk von Antonio Canova (1783–1792) in einer Nische des rechten Querschiffs hinter dem zweiten Pfeiler der Kuppel. Es umrahmt das Portal der Gedächtniskapelle; und die knieende Figur des Papstes im Gebet überragt alles; auf der Urne hat Canova die Figuren der Barmherzigkeit und der Hoffnung herausgehauen; an die Seite der Urne stellte er die Religion und den Gott des Todes. Zwei herrliche Marmorlöwen am Sockel flankieren den Eingang.

CLEMENTI·XIII·
REZZONICO·
P·M·
FRATRIS·FILII·

AGNOS ET OVES

Auf diesen beiden Seiten: der Stuhl Petri im Zentrum der Apsis. Das großartige Werk, ein Triumph der barocken Phantasie, ist von Bernini während des Pontifikats Alexanders VII. zwischen 1656 und 1665 ausgeführt worden; es besteht aus einem wertvollen Marmorsockel, auf dem vier vergoldete Bronzestatuen den Stuhl des Apostels tragen; die zwei Figuren vor dem Stuhl stellen die Väter der lateinischen Kirche dar; Ambrosius und Augustin (auf den vorhergehenden Seiten von links nach rechts). Die zwei hinten stehenden sind die Väter der griechischen Kirche, Athanasius und Johannes Christophoros. Man glaubt, es sei der Stuhl Petri (in Wirklichkeit ist es aber ein Werk aus dem frühen Reich mit Elfenbeineinlagen, wahrscheinlich der Kuriensitz eines römischen Senators). Dieser Stuhl ist in den Bronzestuhl von Bernini eingeschlossen. An der Seite befinden sich zwei Engel, und oben tragen zwei Putten die Schlüssel und die Tiara. Oberhalb des Stuhl ist der Glorienschein aus Goldstuck mit Engeln in dichten Wolken und Strahlen. Diese Objekte bilden eine Corona um eine symbolische Darstellung des Heiligen Geistes in der Mitte des leuchtenden Lichtfeldes.

An der Seite des Stuhls *befinden sich in großen Nischen die zwei auf diesen beiden Seiten abgebildeten Grabstätten. Oben das* Denkmal Pauls III.*(1551–1575), ein Werk von Guglielmo della Porta, wahrscheinlich nach einem Entwurf von Michelangelo. Die zwei Marmorskulpturen zu Füßen des Papstes werden ihm zugeschrieben; hier können viele Vergleiche zum Medici-Grab gezogen werden. Diese Figuren stellen die Gerechtigkeit und die Klugheit dar, man glaubt die Züge seiner Schwester Julia und der Mutter des Papstes zu erkennen: Die zuerst nackte Figur wurde mit einer weiß bemalten Metalltunika bedeckt (Detail rechts). Unten die Grabstätte* Urbanus VIII., *ein Werk von Bernini nach einem Kompositionsschema von della Porta. An den Seites des Sarkophags die* Barmherzigkeit *und die* Gerechtigkeit, *während in den Voluten der Urne der Tod hockt und den Namen des Verstorbenen aufschreibt (1642–1647).*

ALEXANDER·VII
CHISIVS
PONT·MAX

Auf Seite 58 eine Ansicht des großen Marmorbildes. »Der Hl. Leo trifft Attila« (1646–1650) von Alessandro Algardi. Auf diesem Bild stellt der Künstler die berühmte Episode dar, in der der Papst den Hunnenkönig von der Idee abbrachte, Rom zu unterwerfen. Der Altar befindet sich auf der linken Seite des Chors hinter dem zweiten Pfeiler; ganz in der Nähe im Durchgang zum Querschiff steht das Denkmal Alexander VII., ein Werk der späten Reifezeit Berninis (1672–1678). An diesem Werk arbeiteten viele seiner Gehilfen mit (rechts); vom Künstler ist die Komposition und das Antlitz des Papstes. Alexander VII. wird betend dargestellt und kniet zwischen den Statuen der Justitia der Klugheit, der Barmherzigkeit und der Wahrheit (diese wurde zuerst nackt aufgestellt, aber dann mit einem Faltenwurf aus weißbemalten Metall bedeckt). Neben dem Papst zeigt das Skelett des Todes die Sanduhr mit der Zeit, die auch für ihn ausgeronnen ist. Der Tod ruft ihn unter »die ewige Decke«, einem herrlichen Faltenwurf, der zum Teil den unteren Teil des Denkmals verhüllt.

Die Mosaikkopie der »Verklärung« von Raffael auf dem Altar hinter dem ersten Pfeiler links (das Original ist in der Vatikanischen Pinakothek zu sehen). Der Brauch, die Gemälde durch Mosaikkopien zu ersetzen, entsteht vor allem durch das Bedürfnis nach größerer Monumentalität; er behauptet sich vom Jahr 1727 an mit der Gründung einer Mosaikschule – die heute noch besteht – und durch die Erfindung des Mosaiks durch Alessio Mattioli mit emailliertem Stuck. Dadurch erreichte man eine riesige Auswahl von Farben und eine ziemlich treue Imitation des Bildes. Gleichzeitig führte es aber auch zu einer totalen Abhängigkeit von dem gemalten Bild, so daß die Mosaiktechnik zu einer reinen Handwerksarbeit ohne irgendwelche Originalität herabgesetzt wurde. Zahlreiche Bilder sind durch Mosaikkopien ersetzt worden: berühmte Werke von Domenichino wie die »Kommunion des hl. Hieronymus« und die »Ekstase des hl. Franziskus« – von Guido Reni »Der Erzengel Michael besiegt Luzifer« – oder von Guercino »Die hl. Petronilla«. Die Originale wanderten in andere Kirchen Roms oder in die Säle der Vatikanischen Museen.

ImDurchgang vom Querschiff zum linken Seitenchiff ist das Denkmal Leos XI. (1642–1644) aufgestellt, ein kostbares Werk von Algardi. Auf dem Sarkophag ist die Abschwörung Heinrichts IV., Königs von Frankreich dargestellt, als der zukünftige Papst noch Kardinallegat Klemens' VIII. in diesem Land war. Seitlich des Sarkophags stehen die Figuren der Klugheit und der Gerechtigkeit (von Gehilfen). Rechts die Grabstätte Innozenz' VIII. (1948) von Pollaiuolo im nächsten Durchgang. Der Papst sitzt auf dem Thron, und im Relief sind die Kadinaltugenden liegend dargestellt.

Die mittlere Kapelle des linken Seitenschiffes (links) hat ihren Namen Capella della Presentezione vom großen Mosaik oberhalb des Altares mit der »Tempelgang Mariae« nach einem Original von Giovanni Francesco Romanelli, das sich jetzt in der Kirche von S. Maria degli Angeli befindet. Links neben dem Altar befindet sich das Denkmal Benedikts XV. von Pietro Canonica: der Papst bittet kniend um Gnade für die Greuel des Krieges, die im Relief des Sockels dargestellt sind. Rechts das Taufbecken aus einem antiken Sarkophag gehauen, der aus der konstantinischen Basilika stammt und der der Überlieferung nach das Grab Ottos II. war; der Deckel aus Bronze ist nach einem Entwurf von Carlo Fontana (1725) geschaffen worden. Hinter dem Taufbecken stellt ein Mosaik von Carlo Maratta die »Taufe Christ« dar; auch dieses Original befindet sich jetzt in der Kirche S. Maria degli Angeli, während andere Mosaikarbeit von Passeri, Andrea Procaccini die Wände der Taufkapelle schmücken: nach der klassischen Aufteilung der christlichen Kirche befindet sich die Taufkapelle immer als erste im linken Seitenschiff.

Im Durchgang zur Taufkapelle befindet sich eines der berühmtesten Werke von Canova, das Denkmal der Stuarts (auf diesen beiden Seiten): eine hohe Stele aus weißem Marmor trägt in der Mitte eine Inschrift über die letzten Mitglieder der Familie Stuart, die auch auf Halbbüsten dargestellt sind; Jakob III., 1766 in Rom gestorben, und seine zwei Söhne Karl III. und Kardinal Heinrich IX., Herzog von York. Im unteren Teil sind neben einer Tür – deutlicher Hinweis auf den Durchgang zu einem anderen Leben – zwei Götter mit umgedrehten Fackeln abgebildet, Symbol des verlöschenden Lebens (an der Seite): ganz besondere Leistungen der Kunst Canovas eben durch die perfekte, beherrschte Konturenzeichnung, durch die Weiche der Modellierung, durch die Glätte der Formen, aber vor allem durch die Kostbarkeit der Oberflächen, die »dem Licht offen sind«, schreibt Camillo Semenzato, mit einer »verinnerlichten« Beschwingtheit. Außerdem »zeigen sie die Atmung des Körpers an, da sie auf sorgfältigste Weise ausgeführt worden sind«. Das Denkmal der Stuarts wurde dem Künstler von der englischen Regierung aufgetragen; Canova vollendete das Werk im Jahr 1819.

BEATI MORTVI
QVI IN DOMINO MORIVNTVR

MDCCCLVI
SILENTIVM
MAXIMVS

Die Sakristei von St. Peter ist ein prunkhaftes Gebäude, das im Auftrag Pius' IV. zwischen 1776 und 1784 vom Architekten Carlo Marchionni unabhängig von der eigentlichen Kirche gebaut worden ist. Ursprünglich stand eine alte Kirche auf diesem Platz. Links die allgemeine achteckige Sakristei ist nur einer der Säle in diesem Gebäude. Unten der Tabernakel von Donatello (1432) mit dem alten verehrten Bild der »Madonna della febbre« *in der Mitte.*

Das Denkmal für Papst Sixtus befindet sich derzeit in den Sälen der Schatzkammer (unten); früher war es zuerst in der Sakramentskapelle und dann in den Vatikanischen Grotten aufgestellt. Die Grabstätte aus Bronze ist ein Werk von Antonio del Pollaiuolo, der auch seinen Namen und das Jahr 1493 daraufsetzte; es stammt noch aus der konstantinischen Basilika. Die Figur des Papstes ist liegend dargestellt und von Tafeln mit den Kardinalstugenden umrahmt; im unteren Teil ein Epigraph und das Wappen der Familie Della Rovere. An der Seite werden

weitere Reliefs von Akanthusblatt-Voluten unterteilt; in diesem Relief sind die allegorischen Figuren der Theologie, der Philosophie, der Musik (rechts oben), der Astronomie, der Dialektik, der Rhetorik, der Grammatik, der Geometrie (rechts), der Perspektive (rechts außen) abgebildet. Sixtus IV. war ein sehr gebildeter Papst, er liebte die Künste und war ein großer Mäzen wie ein Fürst der Renaissance.

Der Sarkophag des Junius Bassus, *eines römischen Adeligen und Präfekten von Rom, der zum Christentum übergetreten war, wurde in der Nähe der* Confessio *im Jahr 1595 aufgefunden, als man an der Kirche baute. Heute steht er in der Schatzkammer (auf diesen beiden Seiten). Der Marmorsarkophag ist ein herrliches Werk aus dem 4. Jahrhundert und gliedert sich in zehn Abschnitte auf zwei Reliefreihen mit Szenen aus dem Alten und dem Neuen Testament; rechts unten ein Detail mit Christus zwischen Petrus und Paulus. Weitere Sarkophage aus der frühchristlichen Zeit befinden sich auch in den Vatikanischen Grotten.*

Im Raum zwischen der konstantinischen Basilika und der heutigen Kirche breiten sich die Vatikanischen Grotten aus; das heißt die Neuen Grotten und die Alten Grotten, so genannt nach ihrer Wiederherstellung. Die ersten wurden zwischen 1534 und 1546 geschaffen und bilden einen Halbkreis um die St. Peters-Kapelle (links), die oberhalb der Grabstätte des Apostels errichtet worden war, und umfassen auch den Bereich des oberhalb gelegenen Kreuzschiffes. Die Alten Grotten dehnen sich unter dem Mittelschiff aus. Unten ein Fresko über der St. Peters-Kapele.

Inhalt